Vida sexual en pareja

-recupera la pasión-

Ingrid M. Taylor

Editorial Anuket

Índice

Capítulo 1
Problemas comunes de pareja

¿Te has sentado y preguntado por qué el matrimonio o la convivencia en general es difícil? ¿Los problemas matrimoniales te han hecho dudar de tu relación y de su duración?

Quiero aclarar que si hablo de "matrimonio" no solo me refiero a la institución legal o religiosa, sino también a su concepto de "unión" por parte de dos personas libres en un acuerdo de compartir sentimientos y aunar esfuerzos y sueños por el bien común.

Los matrimonios pueden ser difíciles para la mayoría de las personas porque implica fusionar su vida y sus metas con las de otra persona; que por más que se parezca a un alma gemela en la primera etapa que se llama "enamoramiento" en realidad es alguien a quien no conocemos por completo.

Los problemas matrimoniales después de los hijos u otros cambios importantes pueden ser difíciles de manejar y frecuentemente generan sentimientos de rechazos y decepción.

Sin embargo, los escollos en el camino, muy frecuentemente, no aparecen a causa de situaciones insalvables, sino como resultado de un comportamiento complaciente y de olvidos. Estos problemas se pueden resolver con el enfoque correcto y la apertura al pensamiento.

Algunos de esos problemas y sus posibles soluciones

Hay muchas dificultades en la vida matrimonial, y muchas de ellas pueden evitarse o resolverse utilizando muchos métodos y técnicas diferentes.

Echemos un vistazo a los desafíos matrimoniales más comunes que enfrentan los convivientes y aprenda cómo resolver los problemas matrimoniales antes de que causen un daño irreparable a su relación.

- **Infidelidad**

La infidelidad es uno de los problemas matrimoniales más comunes en las relaciones. Los datos más recientes sugieren que alrededor del 20% de los hombres encuestados confesaron haber engañado a su pareja, en comparación con el 10% de las mujeres. Esto incluye hacer trampa y tener aventuras emocionales. La infidelidad es una de las màs frecuentes causas de divorcio. La separación conyugal alcanza casi al 50% de las parejas formalmente casadas en el mundo occidental.

Otros casos incluidos en la infidelidad son las aventuras de una noche, la infidelidad física, las relaciones por Internet y las aventuras a corto y largo plazo. Hacer trampa ocurre en una relación por muchas razones diferentes; es un problema común y las parejas luchan por encontrar una respuesta al por qué se llegó a esa situación.

Solución: Hacer trampa puede ocurrir cuando el vínculo en su relación no es fuerte y puede llevar a una ruptura de la confianza. Las investigaciones revelan que mantener una fuerte conexión emocional, intimidad sexual y respetar los límites son los tres pilares principales para lidiar con la infidelidad en la pareja.

- **Diferencias sexuales**

La intimidad física es esencial en una relación a largo plazo, pero también es la raíz de uno de los problemas matrimoniales más comunes de todos los tiempos. Los problemas sexuales pueden surgir en una relación por varias razones, preparando el escenario para más problemas matrimoniales en el futuro.

Los estudios revelan que la compatibilidad sexual, junto con la satisfacción sexual, se ha citado como el factor más crucial para determinar la satisfacción de la relación de pareja.

El problema sexual más común en una pareja es la pérdida de libido. Muchas personas tienen la impresión de que solo las mujeres tienen problemas de libido, pero los hombres también los tienen.

En otros casos, los problemas sexuales pueden deberse a las preferencias sexuales del cónyuge. Una persona en la relación puede preferir cosas diferentes al sexo que el otro cónyuge, lo que hace que el otro se sienta incómodo.

Solución: La comunicación y la apertura mental son claves para superar cualquier forma de incompatibilidad sexual. Puede restaurar la conexión física y emocional que es crucial para el florecimiento de la intimidad sexual. En los próximos capítulos nos adentraremos en el "cómo lograrlo".

• Valores y creencias

Ciertamente, habrá diferencias y desacuerdos dentro de la pareja, pero algunas diferencias son demasiado importantes para ignorarlas, como los valores y creencias fundamentales.

Un cónyuge puede tener una religión y el otro puede abrazar una creencia diferente. Las diferencias de valores pueden conducir a un abismo emocional entre otros problemas comunes del matrimonio.

Como habrá adivinado, esto podría causar problemas importantes cuando uno de los cónyuges se cansa de hacer las cosas por separado, como ir a un diferente culto.

Tales problemas matrimoniales son extremadamente comunes en los matrimonios transculturales. Otras diferencias incluyen valores fundamentales. Estos incluyen cómo se cría a los niños y las cosas que se les enseñaron en la infancia, como la definición de lo que está bien y lo que está mal.

Dado que no todos crecen con los mismos sistemas de creencias, moral y objetivos, hay mucho espacio para el debate y el conflicto dentro de la relación.

Solución: Las únicas soluciones a los conflictos que surgen de diferentes valores son la comunicación y el compromiso. Y en los casos en que no sea posible llegar a un compromiso, la mejor solución es ser comprensivo, tolerante y estar dispuesto a estar en desacuerdo sobre estos temas.

* **Etapas de la vida**

Muchas personas no consideran las etapas de su vida cuando se trata de una relación.

En algunos casos, las complicaciones de convivencia surgen simplemente porque ambos cónyuges solicitan de la vida cosas diferentes de acuerdo al momento de maduración en que se encuentra.

Romper con el tiempo es un problema común entre las parejas que tienen una diferencia de edad significativa, ya sea un hombre mayor y una mujer más joven o viceversa.

Las personalidades cambian con el tiempo y con ellas los gustos, las necesidades y las prioridades; lo que hace posible que las parejas no sigan siendo tan compatibles como antes. Las parejas con una diferencia de edad que se encuentran en diferentes fases de la vida se enfrentan a este problema matrimonial común.

Solución: Controle su relación regularmente para asegurarse de que usted y su pareja crezcan juntos y no se desmoronen con el tiempo. Traten de amar y aceptar los diferentes cambios que les trae la vida, ya sea individualmente, o como pareja.

Otra cosa para probar es una actividad. Trate de encontrar nuevos pasatiempos que les den a ambos la oportunidad de redescubrirse y hacer crecer su vínculo.

- **Situaciones traumáticas**

Cuando las parejas pasan por incidentes traumáticos, simplemente agregan más desafíos a los problemas de su vida conyugal.

Estas situaciones traumáticas se convierten en problemas para algunos matrimonios porque uno de los cónyuges no sabe cómo manejar la situación a largo plazo.

A veces, la presión y la responsabilidad es demasiado para soportar, por lo que la relación se desmorona hasta que termina por completo.

Solución: ¡Tomar un descanso! Puede sonar egoísta, pero su relación puede beneficiarse si se toma el tiempo para procesar sus sentimientos.

Un terapeuta puede ayudarlo a usted o a su pareja a superar cualquier experiencia traumática y brindarle las herramientas para ayudarlo a enfrentar estos desafíos.

Uno de los cónyuges puede no saber o entender cómo funcionar sin el otro está en el hospital o ausente. En otras situaciones, un cónyuge puede necesitar atención las 24 horas del día, lo que los hace depender únicamente del otro cónyuge.

- **Estrés**

El estrés es un problema de convivencia común que la mayoría de las parejas enfrentarán al menos una vez durante su relación. El estrés en una relación puede ser causado por muchas situaciones e instancias diferentes, incluidas las financieras, familiares, mentales.

Los problemas financieros pueden provenir de que un cónyuge pierda o sea degradado en su trabajo. El estrés familiar puede incluir hijos, problemas con su familia o con la del cónyuge. Muchas cosas diferentes desencadenan el estrés. La forma en que se maneja el estrés podría crear más estrés.

Solución: El estrés dentro de una relación debe manejarse, de lo contrario puede destruir la relación. Puede tratar de resolver este problema hablando consigo mismo con honestidad y paciencia. Si hablar no le ayuda, puede intentar practicar pasatiempos como el yoga o la meditación que le ayudarán a manejar mejor su estrés.

- **Aburrimiento**

El aburrimiento es un problema matrimonial serio pero subestimado.

Con el tiempo, algunos cónyuges se aburren de su relación. Pueden cansarse de las cosas que suceden en la convivencia. En esta situación, equivale a aburrirse de la relación porque se ha vuelto predecible. Una pareja puede hacer lo mismo todos los días durante muchos años sin cambios.

Una chispa generalmente se trata de hacer cosas al azar de vez en cuando. Si una relación carece de actividad espontánea, es probable que el aburrimiento se convierta en un problema.

Solución: Haga lo inesperado. Ya sea en el dormitorio o en otras áreas de la vida, para deshacerse del aburrimiento en su relación. Sorprenda a su pareja con un regalo, un plan inesperado o un nuevo movimiento sexual, y observa cómo se transforma tu relación.

- **Celos**

Los celos son otro problema común del matrimonio que lo amarga. Si tiene una pareja demasiado celosa, estar con ella o cerca de ella puede ser un desafío.

Los celos se adaptan a cualquier relación hasta cierto punto, siempre que no sean demasiado groseros. Estas personas serán mandonas: es posible que le pregunte con quién está hablando por teléfono, por qué le habla, cómo las conoces y cuánto tiempo hace que las conoces, etc.

Tener un cónyuge demasiado celoso puede tensar la relación; mucho estrés eventualmente terminará con la unión sentimental.

Solución: La única cura para los celos excesivos es la autorreflexión para abordar de manera efectiva la inseguridad. Si esto es difícil de hacer por su cuenta, también puede obtener ayuda de un psicólogo que puede ayudarlo a usted o a su pareja a comprender las razones de sus celos y cómo minimizarlos. Recuerde, los celos conducen a una sola cosa: perder al que se temía perder.

• **Intentar cambiar al otro**

Este problema de relación común ocurre cuando las parejas van más allá de los límites personales de su acompañante sentimental para moldear sus creencias.

A veces, tal violación de los límites del otro ocurre por error; el grado de represalia del cónyuge que está siendo atacado generalmente disminuye con el tiempo.

Solución: No solo ame a su pareja, sino también aprenda a respetar sus límites y no la obligue a cambiar. Si le cuesta aceptar ciertas cosas de ella, trate de recordar que se enamoró de su pareja tal como es, y viceversa.

• **Problemas de comunicación**

La falta de comunicación es uno de los problemas más comunes en el matrimonio.

La comunicación abarca señales tanto verbales como no verbales, por lo que incluso si conoce a alguien desde hace mucho tiempo, un ligero cambio en la expresión facial o cualquier otra forma de lenguaje corporal puede malinterpretarse.

Los hombres y las mujeres se comunican de manera muy diferente y pueden caer en la falta de comunicación. Si se permite que tales problemas de relación o matrimonio agrien la calidad de la relación, entonces la santidad del matrimonio está definitivamente en juego. La comunicación saludable es la base del éxito en el matrimonio.

Solución: Los patrones de comunicación dañinos pueden convertirse en un hábito, y la única forma de solucionarlo es hacer un esfuerzo consciente para mejorar. Poco a poco, puedes aprender formas saludables de comunicarte que mejoran la relación y las personas por igual.

- **Falta de atención**

Los seres humanos son criaturas sociales y buscan ansiosamente la atención de los demás, especialmente de sus seres queridos.

Con el tiempo, todos los matrimonios sufren de un problema de relación común, la "falta de atención", donde una pareja, intencionalmente o no, redirige su mirada a otros aspectos de sus vidas, especialmente cuando tienen hijos.

La falta de atención cambia la química del matrimonio, causando que uno o el cónyuge sobreactúe. Este problema en el matrimonio, si no se trata adecuadamente, puede salirse de control.

Solución: Escuche a su pareja, ante todo. También puede intentar participar en actividades en conjunto, como bailar o caminar, que pueden ayudarlos a concentrarse el uno en el otro de una manera nueva y refrescante. Puede contribuir a desconectarse del ruido de la vida cotidiana y concentrarse realmente el uno en el otro.

- ### **Problemas financieros**

Nada puede romper un matrimonio más rápido que el dinero. Tanto si abre una cuenta conjunta o administra sus finanzas por separado, es probable que de igual modo el dinero sea un motivo de discusión. Es esencial debatir cualquier problema financiero abiertamente como pareja.

Solución: Las finanzas pueden ser un tema delicado y las parejas deben discutir estos temas con cuidado. Trate de desarrollar un plan que cumpla con sus metas financieras comunes. También trate de asegurarse de que, si alguien se desvía del plan, la motivación se discuta abiertamente

- ### **Falta de aprecio**

La falta de gratitud, aprecio y reconocimiento de la contribución de su cónyuge a la relación es un problema matrimonial común. Su incapacidad para apreciar a su cónyuge puede desencadenar en cuestionarse la vida en compañía.

Solución: Trate de apreciar todo lo que su pareja trae a su vida. Déjele una nota sorpresa o puede regalarle una flor o un día de spa, solo para mostrarle su aprecio.

Si es usted quien se siente infravalorado en la relación, trate de comunicárselo a su cónyuge. Sin culparlos o hacerlos sentir estancados, exprese sus sentimientos y su necesidad de cambio. Sus sentimientos honestos podrían hacerles darse cuenta de su olvido y obligarlos a hacer cambios. Pero atento, no obligue a hacer nada, si de ellos no nace la voluntad.

• Tecnología y redes sociales

Los peligros emergentes de las redes sociales sobre el matrimonio y la familia se están volviendo muy importantes. Con un rápido aumento en nuestra interacción y obsesión con la tecnología y las plataformas sociales, nos estamos alejando cada vez más de la comunicación saludable cara a cara.

Nos perdemos en un mundo virtual y nos olvidamos de amar a los demás y las cosas que nos rodean. Tal situación se ha convertido rápidamente en un problema del matrimonial actual.

Solución: Reserve una hora al día o un día a la semana cuando usted y su pareja ya no necesiten tecnología. Guarden sus teléfonos y otros dispositivos para tratar de concentrarse el uno en el otro sin distracciones.

• Problemas de confianza

Este es un problema en la calidad matrimonial que puede socavar la unión desde adentro, sin dejar ninguna posibilidad de restaurar la relación.

La idea de confianza en un matrimonio sigue siendo muy convencional y, a veces, ejerce demasiada presión sobre una pareja cuando la duda comienza a filtrarse entre ambos. Recuerde, la relación de amor con los hijos es "incondicional", y se los apoyará en cualquier circunstancia; pero, la de la pareja es "condicional" o sea, por más amor que se hayan profesado, éste será condicionado a pautas pre existentes, que si se violan, todo puede desaparecer en un suspiro.

Solución: La comunicación abierta, con la ayuda de un terapeuta, puede ayudar a una pareja a comprender las razones de su desconfianza y las formas de resolverlas. El terapeuta también podría sugerir ejercicios de fomento de la confianza que pueden ayudarlo a aprender a confiar en usted mismo.

• **Comportamiento egoísta**

A pesar de que el egoísmo se puede tratar con eficacia haciendo pequeños cambios en su actitud hacia su cónyuge, todavía se considera un problema matrimonial muy común.

El gran desafío en una relación es fusionar su vida con la de otra persona y sus prioridades. Las parejas a menudo encuentran difícil esta transición porque las prioridades colectivas pueden entrar en conflicto con las personales, lo que puede causar problemas.

Solución: La empatía es la única solución al comportamiento egoísta. Trate de entender los puntos de vista de los demás y haga de la consideración un hábito.

Si sus objetivos individuales entran en conflicto con sus objetivos como pareja, intente hablar con su media naranja con una mente abierta.

- **Problemas de ira**

Desafortunadamente, perder los estribos, gritar o explotar de rabia y lastimarse a sí mismo o a su cónyuge es un problema creciente en el mundo de las relaciones.

Con el aumento del estrés por factores internos y externos y en un ataque de ira, es posible que no podamos controlar nuestra furia, y un arrebato hacia nuestros seres queridos puede ser muy perjudicial para una relación.

Solución: Si la ira es algo con lo que lucha todos los días, considere hablar con un consejero para aprender habilidades de afrontamiento en esos casos puntuales, que tal vez, estén radicados en su pasado y que sean necesarios resolver.

También puede comenzar contando hasta diez antes de decir palabras de enojo que podrían arruinar su relación.

- **Contar las batallas**

Acorde al punto anterior, cuando la ira se apodera de nosotros en un matrimonio, una reacción común es la venganza o la búsqueda de represalias por parte de su cónyuge.

Contar las batallas ganadas y perdidas en una relación puede sentar las bases para una relación enfermiza. Esto le hará querer ajustar cuentas constantemente y lo llevará al resentimiento. Entonces, la prioridad se convierte en tener la ventaja en lugar de estar ahí el uno para el otro.

Solución: Llevar los puntajes es por deporte, no por relaciones. Puede aprender a lidiar con los problemas matrimoniales aprendiendo a ignorar a las personas exitosas en discusiones y desacuerdos. Concéntrese en el panorama general y deje de lado las pequeñas batallas que podría haber tenido que comprometer.

• **Mentiras**

Mentir, como un problema matrimonial común, no se limita solo a la infidelidad o el egoísmo; también incluye mentiras piadosas sobre cosas cotidianas. Estas mentiras a menudo se usan para salvar las apariencias y no permitir que su cónyuge tome la iniciativa.

Las parejas pueden mentirse sobre las dificultades o problemas que enfrentan en el trabajo o en otros escenarios sociales; tales problemas matrimoniales pesan sobre una relación. Cuando las cosas se salen de control, muy bien puede destruir un matrimonio.

Solución: Analice las razones por las que usted o su pareja se sienten obligados a mentir en lugar de ser honestos. Ponga fin a la mentira y la deshonestidad en su relación, y compruebe como la pareja se enriquece.

• **Expectativas pocos realistas**

Hasta cierto punto, todos estamos de acuerdo en que el matrimonio es para siempre, pero aun así no dedicamos el tiempo y el esfuerzo necesarios para comprender a nuestra pareja antes de unir nuestras vidas.

Obtenemos nuestra inspiración de un matrimonio perfecto de historias que hemos escuchado o personas que conocemos sin siquiera pensar si ambos queremos las mismas cosas en la vida o no.

Una desconexión entre una pareja sobre las perspectivas futuras de una relación crea mucho espacio para una acumulación de expectativas poco realistas en el otro.

Estas expectativas, cuando no se cumplen, generan resentimiento, desilusión y empujan al matrimonio por un camino del que puede no haber recuperación.

Solución: Enfrente la realidad y valore todo lo que obtiene de su relación. Acepte el hecho de que algunas de sus expectativas no son reales y que ninguna pareja podrá cumplirlas. Las expectativas pueden establecer una norma incluso cuando la relación funciona bien.

Conclusión: Cada relación pasa por sus propios problemas maritales. Todos los problemas se pueden resolver si se adopta un enfoque saludable para superarlos.

Ser respetuoso, comprensivo y abierto al cambio puede permitirle superar cualquier obstáculo que pueda surgir en su matrimonio. Y si tiene dudas, consulte a un consejero matrimonial o a un terapeuta licenciado para que le aconseje.

Capítulo 2
La importancia del sexo

Si la comida es una condición para la existencia física de una persona y su crecimiento personal, entonces el sexo y todo lo relacionado con él refleja la capacidad de creatividad y de sentir en una persona madura. No es casualidad que haya que prepararse para el sexo durante mucho tiempo, este es el responsable de la maduración.

Inicialmente, está dirigido a la procreación, pero los humanos hemos ido tan lejos de esta originalidad que tratamos el sexo principalmente como un fenómeno social. Algunos psicólogos creen seriamente que incluso el género de una persona está determinado por su autoconciencia, la aceptación del comportamiento típico de hombres o mujeres.

En el campo del sexo estamos sufriendo un grave fracaso en el intento de separar la función principal, la reproductiva, de las relaciones sexuales secundarias y, sin embargo, en la condición humana, esto no impidió la transformación del sexo en un supersexo multifuncional, por lo tanto, el comportamiento sexual es profundamente simbólico y, a menudo, una metáfora de la vida en general de la cultura de cada nación.

Para un adulto, su bienestar sexual es uno de los fundamentos de la autoafirmación y, al mismo tiempo, una herramienta para manipular a los demás, conquistar la libertad, la autoafirmación, es decir, un sentido de autoría de la propia vida. Durante milenios, las culturas occidentales se han caracterizado por la identificación de una persona y su potencial sexual, el hombre y su falo. El falo participa en muchos temas mitológicos; incluso los hitos en Grecia eran un hito de piedra con la imagen del rostro de una persona (generalmente conocido y reconocible por todos) y su falo.

En otras culturas, las cosas son diferentes. En las islas de la Polinesia, por ejemplo, nunca se le ocurriría a nadie estar triste porque el contacto sexual fracasó: si esto sucediera, significa que uno de los dioses se complació hoy en no confundir a una persona precisamente con estos asuntos. Los fracasos no se valoran como tales y no conducen a la depresión; como consecuencia, no hay impotencia funcional o debilidad sexual.

Se puede decir que después de Freud, el papel del sexo en nuestra vida es exageradamente importante, pero tampoco se debe subestimar. La vida sexual de una persona autorrealizada es natural y libre de coerción, es dialógica y no problemática: no provoca un interés o deseo excesivo de convertir la parte natural de la vida familiar en una ocupación que requiere una atención especial. El sexo es una extensión de la vida cotidiana.

Para comprender la situación familiar, es absolutamente necesario un mínimo de información sobre este lado de la vida, que se puede presentar de formas completamente diferentes a cada uno de los miembros de la pareja. En la práctica de la consejería, a menudo es suficiente escuchar que la vida sexual de uno de los cónyuges fue un "trabajo duro". Es muy importante que una persona experimente después de la intimidad: fatiga o una oleada de energía, dependiendo de esto, uno puede entender si está experimentando unas vacaciones, una vida cotidiana alegre y normal o si está pagando su deber conyugal. Una de las formas comunes de abuso en la vida familiar es la provocación sexual y la humillación con subestimación de las habilidades de la pareja.

La característica principal de las relaciones eróticas en las personas es la hipersexualidad: la evidente redundancia de los contactos sexuales y la atención general que se presta a este fenómeno en la cultura y la industria, en relación con la descendencia reproducida. La expresión "sexualmente como un animal" realmente no tiene ningún sentido, porque en los animales el sexo siempre es funcional y no hay nada superfluo en él. Y en los humanos, esta esfera de la vida está desproporcionadamente inflada debido al hecho de que realiza muchas otras funciones, además de las biológicas.

Funciones psicológicas del sexo

¿Qué funciones psicológicas realiza el sexo en la vida moderna? Mucha gente ha pensado en esto. Resumiremos brevemente los resultados de estas reflexiones. Es importante darse cuenta de que el significado del sexo en sus diversos aspectos no se revela secuencialmente, sino simultáneamente, y para cada uno de los cónyuges esto puede suceder de diferentes maneras.

En primer lugar, por supuesto, sin sexo, la reproducción es (prácticamente) imposible. Para adquirir descendencia, el apareamiento es un proceso necesario. Sin embargo, entre nosotros los humanos, no todo acto está dirigido al nacimiento de un niño; los anticonceptivos son cada vez mejores. En general, las personas que se sienten atraídas por el sexo opuesto no necesariamente aman a los niños. Por lo tanto, es obvio que este motivo para tener relaciones sexuales no sea el principal.

El sexo ayuda a escapar de la soledad, es decir, sirve como medio para crear pareja, siguiendo uno de los instintos biológicos. En las personas, la búsqueda de pareja se manifiesta en la disposición y el deseo de enamorarse. Por supuesto, la presencia del sexo en una relación refuerza este deseo. Sin embargo, si alguien se ve privado de esta necesidad inicialmente, o se ha debilitado debido a los acontecimientos de la vida, la pareja puede sentirse privada, "utilizada". Además, en esta función del sexo se fundamenta un deseo no correspondido de exclusividad en las relaciones, es decir, de fidelidad. No para todos, su pareja es la única, y para una relación exitosa es deseable evaluar con seriedad la medida de la reciprocidad.

Después de encontrar pareja, la "segunda mitad", el sexo ayuda a fortalecer la psicología de la relación entre un hombre y una mujer. En un caso exitoso, se esfuerzan por estar juntos, no quieren separarse y la atracción se intensifica después de una separación forzada. Esta función del sexo probablemente esté completamente ausente en las parejas casadas que viven separadas. En un matrimonio tradicional, el anhelo y el deseo de estar con un compañero implica también la vivencia de la soledad sexual en su ausencia.

Todas estas funciones están relacionadas con la procreación, por lo tanto, por regla general, el sexo convierte a los actores en integrantes de una "familia".

La experiencia de vivir la búsqueda de un objeto de amor, la separación como una "pequeña muerte", el orgullo de crear una nueva vida estuvo presente en todos los que tuvieron o tienen hijos. Pero hay otros problemas que se pueden resolver fácil y eficazmente a través del sexo, estéticos, psicoterapéuticos, sociales, que se han desprendido de los programas biológicos destinados a la procreación. Sin embargo, se cultivan en la comunidad humana, dando al sexo un valor independiente y convirtiéndolo así en ocasión de vanidad, en "súper sexo". Estas propiedades del sexo no siempre se realizan, pero muchos construyen su comportamiento erótico sobre ellas.

El sexo para aliviar el estrés físico y psicológico (sexo fisiológico) no tiene metas creativas; sirve exclusivamente a la autorregulación fisiológica. Las personas solteras, incluso en estado de virginidad fisiológica, sin embargo, experimentan orgasmos espontáneos, generalmente bajo la influencia de impresiones estéticas o sueños. Hay evidencia de que el número de sueños eróticos aumenta en caso de adentrarse en un ambiente homogéneo en cuanto al género, por ejemplo, en una prisión o ejército. Estrictamente hablando, una pareja del sexo opuesto no es una condición necesaria para resolver este problema, el efecto deseado puede ser causado por la masturbación o el uso de objetos que reemplazan el pene o la vagina. Dichos artículos siempre han estado en uso en comunidades cerradas, y con el desarrollo de la industria del sexo, están disponibles para todos. Las observaciones de animales también indican que en condiciones artificiales a menudo recurren a la masturbación. Obviamente, el sexo fisiológico en la familia es absolutamente necesario, y la falta de atracción situacional en uno de los miembros de la pareja no hace inútil la intimidad sexual. Sucede que para los cónyuges el mismo acto de cópula significa cosas diferentes, pero, en cualquier caso, ambos lo necesitan.

El sexo también puede presentarse como una actividad creativa, de investigación, como un experimento. Al comienzo de la vida matrimonial, la experimentación está casi siempre presente, al servicio de la adaptación mutua, la búsqueda de posturas cómodas, un tiempo y un cronotopo adecuado. Entonces la curiosidad de muchos se satura. Sin embargo, no todos. La búsqueda de novedades conduce o bien a una profundización de las experiencias sexuales con una pareja amada cercana, o bien a un amplio desarrollo de la cognición sexual, es decir, a la búsqueda de nuevas parejas.

Es posible que los experimentos "al margen" no siempre se adapten a una pareja permanente, y este es el costo de tal uso del significado del sexo. Otro costo es provocar competencia en una pareja o compañero ofendido, porque la experiencia sexual es difícil de ocultar. Probablemente, la búsqueda de la novedad se deba a las propiedades del temperamento de una persona.

El sexo trae placer. En la naturaleza, hay muchos objetos y fenómenos que evocan sentimientos estéticos: puesta y salida del sol, floración y fructificación. El sexo continúa esta serie. Sin embargo, como todo en el mundo, puede ser feo y hermoso. A veces se requiere una educación especial, o al menos un entendimiento de que el sexo no es un fenómeno nocturno que deba dar vergüenza. Esta dimensión de las relaciones maritales forma parte del respeto mutuo de los cónyuges.

El sexo también puede ser una cura para el aburrimiento para aquellos que se encuentran en condiciones monótonas o que no saben cómo estructurar sus vidas. Tu propio cuerpo es el objeto más accesible para ocuparte y así entretenerte. Puede ser un simple autoexamen, el deseo de morderse las uñas, reventar granos o cambiar de peinado. El sexo con o sin pareja también ayuda a alegrar la soledad. La intensa y variada vida erótica en los barrios marginales y los países de bajos ingresos parece tener precisamente la falta de espectáculo como una de las razones. Aún, así, el sexo tiene un principio, un medio y un final, y no es monótono. Según la amplitud de miras de los cónyuges, este motivo del sexo puede existir también en la familia, y cumple eficazmente su función de salvar del aburrimiento de la vida.

El sexo también es una cura para la tensión. En un marco de tiempo ajustado, en condiciones extremas (por ejemplo, en una crisis o en una guerra), las personas no necesitan tanta inspiración y entusiasmo como tranquilidad. En este caso, no luchan por la diversidad, por el contrario, la monotonía y los estereotipos para ellos son unas vacaciones. Es una relajación y un recordatorio de que, además del estrés, hay mucha rutina agradable en el mundo. Y si surge la posibilidad de contacto sexual, no se usa en absoluto de manera creativa, sino, en general, de manera estúpida e inequívoca, pero conduce efectivamente al objetivo deseado. Si uno de los cónyuges experimenta estrés constantemente, la pareja debe comprender que tal vez no esté preparado para experimentar ahora. Es capaz de tener relaciones sexuales rutinarias o ninguna en absoluto. Por otra parte, una persona que experimenta estrés, debido a la modestia natural, puede que ni siquiera se dé cuenta de que el sexo puede ayudarlo.

La capacidad de traer placeres sexuales puede ser objeto de relaciones comerciales basadas en el llamado "apareamiento de recompensa". Existe el punto de vista de que el apareamiento gratificante para mantener al hombre apegado a la familia surgió originalmente entre las mujeres antiguas como una forma de vincular a un sostén de la familia, lo que se hizo necesario debido a la aceleración del desarrollo intelectual humano, que requería una buena alimentación proteica, que no se podía obtener por un tiempo mientras el niño estaba con la madre.

El sexo como cebo se ha vuelto ampliamente utilizado, incluso en matrimonios en los que no hay alianzas, cuando una de las partes no está emocionalmente involucrada en el sexo en absoluto. En este caso, los socios suelen saber en qué se basa su matrimonio, y se han desarrollado reglas tácitas que prescriben el intercambio mutuo de bonificaciones psicológicas: a quién se le permite qué y qué se puede castigar. Estas reglas representan el secreto de dos.

El sexo en las personas (sin embargo, ocasionalmente, y en otras comunidades biológicas) también sirve como una medida del estatus social, el establecimiento de la subordinación. Como regla general, una mujer está en el papel de subordinada y un hombre en un papel dominante. En este caso, el sexo nada tiene que ver con las tareas de reproducción, se pretende demostrar la fuerza, el poder, la medida del despotismo del macho en relación con la hembra. Es esta tarea del sexo la que se materializa en diferentes variantes de la violencia doméstica. La autoafirmación a través de la humillación de una mujer es inherente a los hombres con baja autoestima y dado que hay muchos hombres de este tipo, los casos de crueldad no son infrecuentes.

En la vida familiar, la autoafirmación a través de la humillación y la provocación sexual también puede tomar formas más sofisticadas, por ejemplo, un cónyuge puede sentirse atraído por su esposa, amada y autoelegida, solo si ella es objeto de adoración de otros hombres y demuestra la voluntad de enamorarse de ellos. Si la esposa es inequívocamente fiel, el esposo comienza a engañarla él mismo. Tales juegos matrimoniales en muchas familias han existido durante muchos años, son objeto de un acuerdo tácito y, aparentemente, traen renacimiento y tono a la vida familiar.

Sin embargo, las posibilidades sexuales del macho se demuestran no solo en relación con la hembra; en el ambiente masculino, también es costumbre competir en el campo de los logros, directa o simbólicamente, para aumentar el estatus social. La colección de victorias sobre las mujeres también caracteriza en su mayoría a las personas que no tienen mucha confianza en sí mismas (porque la verdadera belleza implica el respeto por las mujeres que nunca se encuentran en una posición de competencia con un rival y, en la mayoría de los casos, no saben nada de estos rivales).

Y por supuesto, el sexo puede cumplir una función psicoterapéutica, realizarse "por compasión". Esta es la forma más fácil de arrepentirse, apoyar, ayudar a relajarse y sentirse valorado, amado y querido.

Para que la vida matrimonial sea multidimensional e interesante, debes ser creativo. Los cónyuges amorosos y los buenos amantes no siempre son personas socialmente confiables y de alto estatus, a menudo sus fortalezas radican solo en la capacidad de poetizar la vida cotidiana y la vida en común. La comida y el sexo son características importantes de la vida familiar. No hay nada sorprendente en el hecho de que las personas espiritualmente cercanas aún se separen si el menú de la casa consiste en albóndigas que se cocinan durante cinco minutos. Todas esas oportunidades para la manifestación de la simpatía y el amor, que permite una comida conjunta, caen del ser. Que se puede arreglar en la cama.

Razones por las que tenemos cada vez menos sexo

La actividad sexual de la persona promedio en los países occidentales ha disminuido notablemente en las últimas décadas, y la razón de esto puede ser la creciente ansiedad que ha enredado a la sociedad moderna. Pero hay otras razones también.

Vivimos en la era de la mayor libertad sexual de la historia humana. Las nuevas tecnologías han abierto muchas oportunidades nuevas; después de todo, digamos, la gente de hace un siglo no tenía ni píldoras anticonceptivas ni sitios de citas.

La revolución sexual cambió gradualmente muchas normas sociales, haciendo que la sociedad en su conjunto fuera más tolerante con la homosexualidad, el divorcio, las relaciones sexuales prematrimoniales e incluso formas de relaciones sexuales como el poliamor y el intercambio de parejas.

Más paradójico es el hecho de que numerosos estudios lo confirman: hoy tenemos menos sexo que antes.

Los investigadores estadounidenses Jean Twenge, Ryan Sherman y Brooke Wells publicaron un artículo en la revista Archives of Sexual Behavior en el que destacan que, a principios de la década de 2010, los estadounidenses tenían una media de nueve contactos sexuales menos al año que a finales 1990, es decir, el número promedio de actos sexuales disminuyó en un 15%.
La disminución de la actividad sexual fue casi la misma entre representantes de diferentes sexos, razas, nacionalidades y profesiones. Además, este indicador disminuyó más notablemente entre las parejas casadas.

Y aunque no se puede negar que los resultados de un estudio no son la verdad última, hoy en día esta tendencia claramente se está fortaleciendo. En 2013, la Encuesta Nacional sobre Relaciones Sexuales y Estilos de Vida (Natsal) encontró que los británicos de 16 a 44 años tenían un promedio de menos de cinco encuentros sexuales por mes.

Mientras que, en el año 2000, según los resultados de una encuesta similar, los habitantes de Gran Bretaña eran más activos sexualmente: entonces este índice era de 6,2 veces al mes para los hombres y de 6,3 para las mujeres.

La situación es peor en Japón, donde, según los últimos datos, el 46 % de las mujeres y el 25 % de los hombres de entre 16 y 25 años desprecian el sexo en general.

Todo esto, por supuesto, puede encontrar muchas explicaciones que se encuentran en la superficie, pero no deja de ser interesante estudiar con más profundidad las razones de una disminución tan clara de la actividad sexual.

- **Porno**

La primera explicación que se encuentra en la superficie son las nuevas tecnologías: con su ayuda, la pornografía se ha vuelto mucho más accesible y las redes sociales han ampliado al máximo el círculo de sus consumidores.
El aumento de la popularidad de la pornografía en línea ha llevado a algunos investigadores a considerar la adicción al sexo en línea como un trastorno mental.

La indulgencia en la pornografía reemplaza el sexo en la vida real y reduce significativamente el deseo sexual en el dormitorio. Los investigadores dicen que las redes sociales y la pornografía están arruinando nuestra vida sexual

La pornografía también contribuye a la creación de una imagen irreal del sexo, lo que conduce a trastornos mentales como la "anorexia sexual" y la "disfunción sexual inducida por la pornografía".

Un estudio de 2011 encontró que de los 28 mil italianos que ven pornografía regularmente, muchos visitan sitios pornográficos casi todos los días.

Según uno de los autores de este estudio, Carlo Foresta, estas personas se acostumbran a la "demostración frenética" de las relaciones sexuales y, en consecuencia, tienen problemas de erección en la vida real.

Algunos investigadores incluso argumentan que ver pornografía es malo para las posibilidades de encontrar una pareja permanente.

Un estudio de 2014 publicado en el Eastern Economic Journal encontró una relación inversa entre ver pornografía y el matrimonio. En primer lugar, esta correlación fue notable entre los hombres.

- **Redes sociales**

Las redes sociales son la segunda razón principal que distrae a las personas de su vida sexual.

Si los investigadores anteriores argumentaron que el televisor instalado allí reduce significativamente la actividad sexual en el dormitorio, ahora Facebook, Twitter e Instagram se han convertido en ese factor.

Sin embargo, no todos los científicos están de acuerdo con estas conclusiones. Los autores de un estudio de 2015 de 280 hombres, publicado en la revista Sexual Medicine, encontraron que ver 40 minutos de pornografía al menos dos veces por semana aumentaba el deseo sexual.

Los sitios de citas y las aplicaciones móviles dedicadas han hecho que sea lo más fácil posible encontrar una pareja sexual, pero los millennials parecen tener menos sexo que las generaciones anteriores.

Lo mismo puede decirse de las redes sociales. A pesar de que los teléfonos inteligentes le quitan tiempo a la vida real, los sitios de citas y las aplicaciones como Grindr y Tinder han hecho que el sexo sea más accesible.
Por lo tanto, aunque la tecnología ciertamente ha afectado nuestra vida sexual, no puede considerarse la única razón del declive de la actividad sexual.

- **Trabajo**

Otro factor que reduce la libido es la carga de trabajo, el estrés y la fatiga.
Sin embargo, incluso aquí la dependencia no es tan obvia. En 1998, Janet Hyde, John Delamater y Errie Gewitt publicaron un estudio en el Journal of Family Psychology que mostraba que el nivel de actividad sexual entre mujeres trabajadoras y amas de casa no era muy diferente.

Por el contrario, una vida profesional activa, por regla general, se correlacionó con una mayor frecuencia de contactos sexuales.

Sin embargo, esto no significa que el trabajo no afecte en absoluto la sexualidad.

Lo que importa, sin embargo, es la calidad, no la cantidad. El trabajo que no brinda placer es perjudicial para la salud mental, lo que afecta la vida sexual.

• **Estrés**

Cada vez más se considera que la razón principal de la disminución de la actividad sexual y la satisfacción de la vida sexual es el estrés (que, por supuesto, se asocia muy a menudo con lo que sucede en el trabajo).

Por ejemplo, en 2010, Guy Bodenmenn y sus colegas de la Universidad de Zúrich estudiaron el comportamiento de 103 estudiantes suizas durante tres meses y concluyeron que cuanto mayor era el nivel de estrés (según lo informado por las participantes del estudio), menor era la actividad sexual. y, en consecuencia, la satisfacción sexual.

El estrés afecta a una persona de muchas maneras: afecta los niveles hormonales, crea una imagen negativa de nuestro propio cuerpo, nos hace cuestionar el significado de futuras relaciones familiares y aumenta el grado de consumo de alcohol y drogas. Todo esto se refleja directamente en la vida sexual, más precisamente, su reducción.

- **La vida moderna como tal**

Entre las muchas otras razones que afectan la vida sexual, los investigadores destacan la salud mental, el bienestar y la sensación de felicidad.

Recientemente, ha habido una verdadera epidemia de trastornos mentales en las sociedades occidentales, y los más comunes son la depresión y la ansiedad.

Numerosos estudios prueban inequívocamente que la depresión causa problemas en la vida sexual y reduce el deseo sexual.

Los científicos Twenge, Sherman y Wells también señalan que existe una relación causal entre una disminución de la satisfacción con la vida y una disminución de la actividad sexual.

El ritmo acelerado de la vida moderna ha llevado a una disminución de la libido.

La falta de un trabajo estable y vivienda propia, el miedo a las catástrofes globales y una vida solitaria en las grandes ciudades tienen un efecto negativo en la salud mental.

Así, la disminución de la actividad sexual puede considerarse una consecuencia de la vida moderna.

Esto se debe a la influencia de muchos factores, entre los que debemos mencionar en primer lugar el estrés, la tensión en el trabajo, una sensación de inestabilidad general y logros ambiguos en el progreso científico y tecnológico.

Probablemente, alguien dirá a todo esto que, dadas las costumbres demasiado liberales de la sociedad moderna, una disminución de la actividad sexual no es tan mala.

Sin embargo, la importancia del sexo no debe subestimarse. Hace a una persona más feliz y saludable, promueve la comodidad profesional y personal.

Y lo más importante: para muchas personas, el sexo solo trae alegría. Es por eso que en todo el mundo están tratando activamente de resolver este problema.

En febrero del 2022, por ejemplo, el político sueco Per-Erik Muskos presentó una moción para dar a todos los suecos una hora descanso remunerado del trabajo para ir a casa y tener relaciones sexuales con sus parejas, una pausa sexual pagada. Muskos cree que las parejas de su país pasan poco tiempo juntas, por lo que un descanso les vendría muy bien.

Capítulo 3
Declinación de la vida sexual

Hay momentos en la vida, tanto para hombres como para mujeres, en los que nuestro cuerpo parece estar desinteresado y cerrado a las relaciones sexuales con el otro: definimos esta característica como "silencio sexual", es decir, un momento en que la libido está dormida y el cuerpo está silencioso.
Un momento en el que el placer sexual apesta y no tenemos intención de traerlo de vuelta a nuestras vidas.

Falta de deseo sexual: ¿normalidad o perturbación?

El deseo sexual no es una chispa que se enciende o se apaga de la misma manera para todos: es un factor complejo ligado a la historia personal, la crianza y razones contextuales.

Normalmente hablamos de falta de deseo cuando una persona durante al menos 6 meses tiene una disminución del interés, o una falta total, de pensamientos y fantasías eróticas y de actividad sexual, acompañada al mismo tiempo de reticencia a tener relaciones sexuales con la pareja, dando lugar a un sentimiento de incomodidad e infelicidad.

Este tipo de falta de deseo que podríamos asociar a un trastorno puede superarse mediante terapia y puede tener diversas causas contingentes o personales.

Algunas de las causas que exploraremos más a fondo son:

• Estrés
• Trauma reciente
• Motivos relacionados con la pareja o familia de origen
• Uso excesivo de internet y pornografía.
• Razones psicológicas
• Abuso de sustancias o uso de drogas
• Variaciones hormonales
• Haber tenido una educación muy estricta o tener información insuficiente o incorrecta sobre la sexualidad.

La falta de deseo también aparece en otras situaciones que duran menos de 6 meses: en estos casos también hablamos de silencios sexuales, pero que, al tener una duración menor, también pueden deberse al estrés y al cansancio u otros motivos relacionados con la relación (por ejemplo, falta de atracción física hacia la pareja, falta de intimidad o fin de un amor).

Podemos decir que todo el mundo puede no querer tener relaciones sexuales durante un período, pero una de las principales diferencias a la hora de identificar un trastorno o simplemente una posibilidad, es la duración de este sentimiento, la intensidad y el malestar que genera.

¿Por qué no quiero hacer el amor?

El término para indicar la falta de deseo de hacer el amor se llama astenia sexual. Como hemos visto, son muchas las razones por las que la falta de deseo sexual puede presentarse con diferentes niveles de intensidad y duración que pueden definir o no la patología.

Las razones son muchas: entre las principales encontramos los conflictos y dolores en nuestra vida, como la pérdida de un ser querido, por duelo o por una relación rota, o por un desamor, una crisis de cualquier tipo o alguna orgánica, y el desajuste hormonal.

Todas estas razones pueden conducir a una falta de atracción y una disminución del deseo por la pareja o en general por la actividad sexual, lo que lleva a un impacto personal muy profundo. Esta situación es el indicador de que algo no va bien internamente: a veces no es fácil entender las razones a primera vista, pero otras veces es claro y no es fácil de encontrar una solución. Intentemos profundizar en todos estos aspectos.

Razones que pueden bajar el deseo

Hay motivos que no necesariamente entran en un marco patológico y que pueden bajar nuestra libido. Se trata de situaciones bastante habituales: casi el 43% de la población puede sufrir un bajo deseo y una falta de ganas de tener relaciones sexuales de vez en cuando.

Veamos cuáles son los motivos que pueden transmitir esta sensación:

• **Una educación muy rígida.** Por motivos religiosos, culturales o sociales, podemos crecer pensando que el sexo es sucio y que el placer sexual es una especie de pecado. De esta manera, es muy difícil apreciar la propia sexualidad: el sentimiento de represión del deseo se convierte en algo automático para evitar incurrir en el pecado y la culpa, incluso en la edad adulta.

• **No sentirse cómodo con su cuerpo**. El cuerpo y la desnudez son elementos fundamentales para poder vivir plenamente el acto sexual. Desafortunadamente, en nuestra sociedad, el cuerpo es objeto de ataques y juicios culturales muy fuertes y, por esta razón, muchas personas tienden a avergonzarse de su figura y a disgustarse consigo mismas. La única forma de vivir bien con su sexualidad (pero también con su identidad) es aceptar su cuerpo y amarlo.

• **Trauma pasado o malas experiencias**. Las malas experiencias o traumas en el ámbito privado y sexual pueden afectar y generar una relación postraumática con el sexo en la persona víctima.

• **Experimentar dolor al tener relaciones sexuales**. Existen causas orgánicas tanto en hombres como en mujeres que pueden causar dolor durante las relaciones sexuales (como el vaginismo o la mala lubricación en las mujeres, mientras que en los hombres puede deberse a ciertas malformaciones).

- **Deficiencias hormonales**. Las hormonas son un factor fundamental para alimentar el deseo, y las variaciones hormonales pueden alterar la libido. Por ejemplo, la disminución de la testosterona en las mujeres a medida que se acercan a la menopausia podría hacer que tengan menos ganas de tener relaciones sexuales. Incluso ciertas enfermedades o alteraciones físicas pueden provocar una falta de ganas de hacer el amor. Por este motivo, si comprobamos que esta sensación se prolonga en el tiempo, es importante acudir al médico para posiblemente realizar pruebas clínicas (pruebas hormonales, o de tiroides o una exploración ginecológica).

- **Estrés:** Puede ocurrir que se encuentren en periodos muy intensos tanto desde el punto de vista de los compromisos como del cansancio mental que pueden llevar a la persona a dejar el sexo en un segundo plano. Esto sucede porque el cuerpo y la mente, al estar en reserva de energía, tratan de eliminar todo aquello que no consideran indispensable para la supervivencia. El amor y el sexo necesitan tiempo y calma: es importante dar espacio a este aspecto para tener una vida rica en este sentido.

- **Falta de confianza en su pareja**: Si dudamos de nuestra pareja, probablemente también desaparezcan las ganas de hacer el amor.

Muchos de estos motivos que nos llevan a no querer tener relaciones sexuales pueden solucionarse con la ayuda de un médico o una terapia psicológica que nos ayude a eliminar nuestros bloqueos, pero algunos, como el estrés, son circunstanciales y pueden solucionarse con el tiempo y la paciencia, encontrando tiempo para dedicarse al amor y a uno mismo.

Falta de deseo estando solo

La falta de deseo no es un sentimiento que solo afecta a las personas comprometidas sentimentalmente. Obviamente, incluso las personas solteras pasan por varios momentos, en los que pueden tener más o menos ganas de hacer el amor o de encontrar pareja.

Para los solteros, la falta de deseo sexual o astenia, además de las causas enumeradas anteriormente, también podría relacionarse con el miedo a retomar el juego y el deseo de encerrarse en uno mismo, por una decepción sentimental que los hizo sufrir. En estos casos, los afectados pueden pensar en tomarte su tiempo y dejar que las heridas cicatricen, saliendo poco a poco de su guarida, pero sin dejar pasar demasiado tiempo. Es importante sanarse poco a poco para recuperar la confianza de los demás y ese deseo de bienestar: intentar conocer gente interesante, separar el sexo del amor y ¡déjarse llevar!

Baja libido en pareja

Si la libido baja ocurre dentro de la pareja, podría convertirse inmediatamente en un problema para ambos.

Principalmente porque esta situación crea un "ritmo sexual" diferente entre los dos miembros de la sociedad. Las solicitudes pueden comenzar a provenir del otro compañero que no entiende lo que está pasando, lo que aumenta la tensión y la falta de comprensión.

Si para la persona que lo padece, los silencios sexuales pueden ser vistos como una crisis interna o física, para la otra pareja los motivos pueden no estar claros y puede sentirse en peligro o herido en su autoestima o sentirse culpable de lo que está pasando; o peor aún, sospechar de un tercero que se está robando el deseo de nuestra pareja.

De hecho, tendemos a pensar que la realización sexual de nuestro socio sentimental es nuestra responsabilidad: un período sexual de este tipo genera, por lo tanto, no solo apatía, sino también consecuencias y conflictos que deben abordarse porque la pareja en la intimidad ya no funciona. Es importante considerar que el cuerpo en ocasiones necesita apoyo médico, en el cual el silencio sexual puede estar relacionado no solo con problemas emocionales sino también físicos, los cuales deben ser tratados oportunamente.

La realización sexual en la pareja es un eje que promueve la estabilidad de la relación o la deteriora. Para la persona que vive el silencio sexual, es muy complejo poder expresar con claridad lo que siente, además de que en ocasiones es generado por situaciones externas, que nada tienen que ver con el 'otro'. Por otro lado, cuando los silencios sexuales son generados por un problema de pareja, como un conflicto recurrente con el socio, enojo silencioso o frustraciones diversas, es importante involucrar a nuestra media naranja y posiblemente contactar a un psicólogo experto en terapia de pareja.

Vivir con el silencio sexual sin sufrir

Convivir con el silencio sexual sin sufrirlo puede ser complicado, sobre todo en pareja, porque como hemos visto se crean dinámicas desequilibradas que pueden desembocar en momentos de tensión y desencuentros.

Si la caída del deseo dura mucho tiempo, siempre recomendamos contactar con un especialista para realizar una terapia que diagnostique el caso, buscar antecedentes, causas y posibles soluciones. Mientras tanto, se puede seguir los siguientes consejos para tratar de no abrumarse con el problema:

• **Acepte el problema, no se sienta culpable y anime a su pareja.** Seamos conscientes de que el cuerpo tiene sus propios ritmos y que a veces puede llegar un momento de "silencio" y hay que afrontarlo, con amor y respeto, honrando la sabiduría del cuerpo que clama sus deseos y necesidades. Al mismo tiempo, es importante ser sinceros y solidarios con nosotros mismos y con los demás, explicando lo que nos está pasando y permitiendo que el tiempo, la terapia y el amor nos ayuden a reparar lo que nos ha llevado a esta situación.

• **El problema no siempre está en la pareja**. Puede ocurrir que nuestro compañero no entienda lo que está pasando, que se sienta inseguro y que siga insistiendo en intentar hacer el amor. En este caso, es importante precisar que esa insistencia no ayudará a encontrar el deseo (más bien al contrario) y que es importante que el otro respete el espacio del que sufre, y que también se haga desear un poco, como manera de incentivo.

• **Intente encontrar intimidad y complicidad en otras situaciones que van más allá de la sexualidad.** Un juego, una experiencia, una aventura, el intercambio de confidencias. Viva momentos en pareja que revivan lo que siente y le ayuden a recuperar la confianza en sí mismo, para ir reintegrando poco a poco la sexualidad a la relación.

• **No finja nada**. Fingir y esconder la cabeza en la arena no hará que el problema desaparezca, al contrario, podría hacerlo más grande de lo que puede ser. Trate el problema y comuníquelo a su par o a un especialista que le pueda ayudar, para que pueda volver a disfrutar con tranquilidad de su sexualidad.

Pérdida de la libido y menopausia

En ocasiones, la menopausia puede, por razones psicológicas y físicas, provocar una caída de la libido, lo que puede perjudicar las relaciones de pareja.

Las mujeres posmenopáusicas a menudo se quejan de una pérdida de su libido (término utilizado para describir el interés o deseo sexual). La pérdida de la libido durante la menopausia tiene dos causas principales:

• **Psicológico:** esto es cuando una mujer no tiene ningún interés emocional en el sexo.

• **Físico:** Este es el caso cuando la mujer sufre de sequedad vaginal, por ejemplo. Esto a menudo hace que las relaciones sexuales sean dolorosas y, en consecuencia, provoca una pérdida de la libido.

Por lo general, este síntoma no se percibe como un problema hasta que la mujer comienza a preocuparse o frustrarse con la situación. La pérdida de la libido a menudo puede ser problemática para la relación de pareja, lo que hace que muchas mujeres posmenopáusicas busquen una solución.

¿Por qué la menopausia provoca una pérdida de la libido?

La pérdida de la libido puede tener todo tipo de razones, desde los efectos secundarios de los medicamentos hasta los altos niveles de estrés. Sin embargo, durante la menopausia, los cambios hormonales suelen ser la causa fundamental de la pérdida de la libido.

Los estrógenos son la principal hormona femenina. Mantienen las paredes de la vagina sanas y lubricadas. Cuando los niveles de estrógeno bajan, las paredes vaginales pueden secarse e irritarse. Esto puede hacer que el sexo sea doloroso. Cabe agregar que la caída de los niveles de estrógeno también provoca sofocos y sudores nocturnos, lo que puede hacer que una mujer sea menos atractiva, lo que puede afectar la libido.

Capítulo 4
Patologías sexuales

El tratamiento de los trastornos sexuales comienza con el reconocimiento de que cualquier nivel de la sexualidad de una persona es normal. Si alguien no experimenta deseo sexual, excitación u orgasmo, esto no significa en absoluto que algo esté mal con él.

Sin embargo, la sexualidad de una persona es bastante plástica y reacciona a los cambios en las relaciones, en los asuntos de una persona, su estado de ánimo, sus pensamientos sobre sí mismo y su pareja. Si una persona no está satisfecha con la disminución de la función sexual, entonces ya se puede considerar como un problema que se puede trabajar.

Trastornos sexuales orgánicos y psicológicos

Para empezar, es necesario separar los trastornos psicológicos sexuales de los orgánicos, asociados, por ejemplo, a problemas de los vasos sanguíneos, la integridad de las fibras nerviosas o enfermedades infecciosas. Aquí es indispensable la consulta del urólogo o el ginecólogo.

Antes de iniciar el tratamiento, los trastornos mentales sexuales también deben distinguirse de la constitución innata de una persona. Por ejemplo, si un adulto está preocupado por la falta de deseo sexual, pero nunca ha experimentado algo así desde el inicio de la pubertad, entonces su estado actual de sexualidad probablemente sea una variante de la norma y no requiera tratamiento.

Los trastornos sexuales psicológicos están fuertemente relacionados con el contexto de la vida, las relaciones o la autoimagen de una persona. La naturaleza psicológica del trastorno se evidencia, por ejemplo, por la preservación de la función sexual durante la masturbación o la presencia de eventos conocidos en la vida, en las relaciones, en los actos, después de lo cual hubo una disminución de la función. Pueden ser peleas, despidos, preparación para exámenes, cualquier cosa que cause un estrés significativo.

Así, se debe determinar si el problema se ha manifestado siempre o ha aparecido desde cierto tiempo. Y también para entender si el problema se manifiesta en todas las situaciones o se relaciona con ciertas parejas, circunstancias y tipos de sexo.

Foco del problema

Para comenzar el tratamiento de problemas sexuales, también se debe determinar el foco del problema. Para ello, conviene dividir todo el complejo de reacciones sexuales en fases:

• **Atracción**. Un estado de expectativa y deseo de estar más cerca de los estímulos sexuales. Deseo de intimidad y deseo de pareja.

• **Excitación**. El estado de preparación y actividad sexual, acompañado de sensaciones placenteras y la reacción de los órganos genitales (erección o hidratación). Al mismo tiempo, las sensaciones subjetivas de excitación y reacción en los órganos genitales, incluso en condiciones normales pueden ocurrir de forma independiente.

• **Orgasmo**. Experiencia máxima de liberación y placer sexual.

El problema a menudo no está arraigado donde parece a primera vista. Por ejemplo, una disminución en la fuerza de una erección en un hombre puede ocultar una disminución en el deseo sexual. Y detrás de la disminución de la atracción, se puede ocultar un orgasmo insatisfactorio.

Tratamiento de los trastornos sexuales

Según el problema principal, la psicoterapia de los trastornos sexuales puede ser algo diferente. Por ejemplo, el tratamiento de la disminución de la libido (disminución o falta de deseo) afecta a un amplio contexto de vida y relaciones en una pareja. Los niveles reducidos de deseo sexual pueden indicar una ruptura en las relaciones, el fracaso en los negocios o el aburrimiento sexual.

Para las mujeres que no buscan tener relaciones sexuales, a menudo se habla del tratamiento de la frigidez (aunque este término está desactualizado). Pero debe recordarse que es absolutamente normal si una mujer no se esfuerza por tener relaciones sexuales, pero al mismo tiempo puede disfrutarlo.

El tratamiento de la impotencia en los hombres (es decir, el tratamiento de la disfunción eréctil), si se conserva el deseo, suele centrarse en el trabajo psicológico con el miedo al fracaso sexual. Las demandas exageradas de la propia "fuerza masculina" conducen al hecho de que cualquier contacto sexual se convierte en una situación de examen. Naturalmente, esto no contribuye a la excitación sexual. Por supuesto, antes de comenzar el trabajo psicológico sobre este problema, es importante ser examinado por un urólogo y descartar la presencia de causas orgánicas.

El tratamiento de la anorgasmia (ausencia o retraso del orgasmo) tanto en mujeres como en hombres, con la preservación de la atracción y la excitación, también suele tener como objetivo deshacerse de las actitudes psicológicas que interfieren con el libre flujo de las reacciones sexuales. La imagen del sexo ideal (fantaseado, pero poco realista, influenciado por películas pornográficas), pensamientos como "me veo poco atractivo", son anclas que frenan el potencial sexual. A veces, un orgasmo puede estar presente, pero puede ser difícil o no agradable. Si decide ver a un especialista por problemas sexuales, es importante recordar que no siempre se necesita psicoterapia intensiva. Una consulta con un sexólogo lo ayudará a comprender cuál es el adecuado para usted.

Puede ser suficiente reconocer que cualquier nivel de su sexualidad es normal. E igualmente tiene tanto la libertad de luchar por el cambio como la libertad de no cambiar.

Compruebe si sabe lo suficiente sobre la sexualidad. Es posible que lo que consideraba un problema psicológico y se sintiera culpable por ello, de hecho, no sea un problema, o no se trate de usted.

Realice ejercicios especiales recomendados por un especialista y observe la higiene psicosexual. Los ejercicios se tratan de comunicarse con un compañero y explorar su cuerpo.

Solo en algunos casos se requerirá psicoterapia. La psicoterapia para las disfunciones sexuales puede relacionarse con actitudes psicológicas desadaptativas desde la infancia, experiencias traumáticas, estados depresivos y relaciones de pareja.

El tratamiento de los trastornos sexuales es importante por varias razones. La sexualidad saludable es el éxito de la concepción. La sexualidad incluye nuestros motivos de logro. La sexualidad es necesaria para iniciar y fortalecer las relaciones de pareja. La sexualidad hace una gran contribución a nuestra satisfacción con la vida.

Como la personalidad afecta las relaciones sexuales

- **Apego inseguro**

Un apego inseguro es un patrón de relación disfuncional con un objeto de apego. La inseguridad del apego se mide en dos escalas: el nivel de ansiedad y el nivel de evitación. En consecuencia, se distinguen condicionalmente dos tipos puros de apego inseguro: ansioso (cuando hay mucho en la escala de ansiedad) y evitativo (cuando hay mucho en la escala de evitación). También existe un tipo de apego desorganizado (cuando hay mucho en todas partes), pero los investigadores prefieren no tratarlo, aparentemente porque ahí no queda nada claro.

¿Y qué significan estos tipos de apego?

Un tipo de apego es un patrón profundamente arraigado de relaciones con objetos de apego. Este patrón se forma en la infancia, cuando tus padres te cuidan y te regocijas, o te marcan puntos y ruges o haces pucheros. Los investigadores creen que las relaciones de apego entre adultos están mediadas por los mismos circuitos neuronales que las relaciones entre padres e hijos. Es decir, en la infancia, tu madre te marcó, te adaptaste a esto, y en tu cerebro se formó un circuito de un objeto de afecto obstruido que rige tu relación con una pareja amorosa. Y este esquema es muy rígido, difícil de cambiar, aunque la ciencia dice que puede cambiar lentamente bajo la influencia de nuevas experiencias. Por lo tanto, la buena gente y la psicoterapia ayudarán. Freud aludía que un hombre entrega su potencia sexual a una mujer degradada, permitiéndose con ella hacer lo que nunca se atrevería con su esposa, ya que esta última le recuerda a su madre.

¿Qué es un apego seguro?

Aquí es cuando puedes alejarte con seguridad del objeto de afecto y dar un paseo, y luego volver con alegría a él y disfrutar de la intimidad.

¿Qué es el apego ansioso?

Esta es la primera fase del trastorno de apego, cuando el sistema de apego está sobreactivado de forma crónica. Esto es cuando tienes miedo constante de que la persona a la que estás apegado te deje y haces todo tipo de actividades para evitar esta opción.

¿Qué es el apego evitativo?

Esta es la segunda fase del trastorno. Fue entonces cuando te diste cuenta de que no importa lo que hagas, seguirás siendo abandonado. Lo viviste y perdiste la fe en las relaciones cercanas, por lo que dejas de preocuparte y actuar e inviertes en autonomía y autoafirmación. Ya no quieres cercanía, llevas el recuerdo del dolor. El sistema de apego está crónicamente desactivado.

Pero ¿qué pasa con el sexo?

El sexo, a pesar de la evolución de las relaciones conyugales, que, como recordamos, parte del afecto entre padres e hijos, acompaña la evolución de la sexualidad en las personas. No es de extrañar, porque el sexo, entre otras ventajas maravillosas, permite la reproducción, y el propósito directo del matrimonio es darle a este proceso una mejor oportunidad de éxito. Por lo tanto, los circuitos neuronales de la sexualidad y el apego en una persona están estrechamente conectados y tienen una gran influencia entre sí.

¿Cómo se afectan entre sí?

Es significativo que, durante el orgasmo, las personas experimenten un aumento en el nivel de oxitocina en la sangre. La oxitocina es la hormona del apego. El sexo estimula el comportamiento altruista, la confianza y desencadena y mantiene el sistema de apego. Y el sistema de apego, a su vez, aumenta la actividad y selectividad del sistema sexual. A menos, por supuesto, que el archivo adjunto sea seguro.

Y si no es seguro, ¿entonces qué?

Los investigadores del apego sexual dicen que el apego inseguro empeora el sexo, y he aquí por qué.

Si su apego inseguro está en la etapa de ansiedad, entonces está demasiado preocupado por acercarse a su pareja y el sexo se convierte en su vehículo. Quieres hacer que tu pareja tenga un gran orgasmo contigo para que piense en ti y te anhele. Te esfuerzas mucho por complacerlo y estimularlo a tener relaciones sexuales. En la cama, te concentras en cuánto te quieren y no puedes relajarte. Notabas los más mínimos signos de algo mal y ya está, un desastre, claro que no hay placer, no se llega al orgasmo.

Si su apego inseguro está en la etapa de evitación, entonces el sexo para usted es un medio de autoafirmación. Si te quieren, entonces eres fuerte, hermosa y realizada. Pero aquí está la cosa, tan pronto como te permitas perder el control de tu sistema sexual y divertirte, te espera un apego. Y no lo necesitas. Por lo tanto, tratas de hacerlo con menos frecuencia, realmente no quieres hacerlo en absoluto y el placer no es tan intenso. Y si comienza, entonces es importante que pierda rápidamente el deseo de su pareja, para que esté fuera de peligro.

¿Y por eso se obtienen las disfunciones sexuales?

Sí, aunque eso no significa que la disfunción sexual no ocurra en el apego seguro. Hay grandes relaciones con problemas en el sexo. Y hay personas con apego inseguro, pero con sexo genial en una relación. Y están casi tan felices con su relación como las personas con apego seguro.

¿Cómo determinar qué es la disfunción sexual?

No hay una definición clara. En primer lugar, se basan en la insatisfacción crónica de una persona con su sexo: tiene poco placer, poca excitación, erección débil, el orgasmo es difícil de lograr o, digamos, la eyaculación llega demasiado rápido. Pero es importante separar los trastornos sexuales de la constitución sexual. Hay personas que, por naturaleza, no se preocupan por nada o, por ejemplo, se han vuelto menos juguetonas desde que ya tienen 70 años. Las disfunciones sexuales se definen cuando solía ser de alguna manera mejor, y luego de repente empeoró de alguna manera.

¿Y qué hay en esta cabeza que te impide disfrutar del sexo?

Si no eres muy bueno con el sexo, comprueba si estás deprimido. Si es así, marcha a un psicoterapeuta. La depresión se asocia evolutivamente con un rango bajo en la jerarquía de salud mental, y, como resultado, la incapacidad para satisfacer tus necesidades, por ejemplo, en el terreno amoroso.

Todas nuestras emociones y afectos, incluidos los sexuales: atracción, excitación, orgasmo, tienen, condicionalmente hablando, dos niveles de despliegue en respuesta a un estímulo.

El primer nivel es un nivel automático y poco consciente, que sin embargo se puede ver por un cambio en la fisiología. Las respuestas sexuales a este nivel ocurren en respuesta a una amplia gama de estímulos sexualmente relevantes, más de lo que a muchos les gustaría. Entonces, a veces podemos ver los penes de hombres homofóbicos agrandados cuando les dan pornografía gay, o las vaginas de mujeres desprevenidas que practican la bestialidad mojándose cuando les dan videos de animales copulando. Bueno, y cualquier cosa que la gente en su mente sobria trate de no permitirse.

Esta "mente más o menos sobria" es el segundo nivel. Es una reacción a tu reacción. Emoción sobre tu emoción. ¿Por qué es necesario? Porque la expresión de emociones despejada por la reflexión está cargada de malas consecuencias.

¿Qué nos dicen las normas de nuestra comunidad de babuinos (primates) sobre el sexo? Si tu comunidad de babuinos es patriarcal y estrecha, entonces no puedes ser sexual frente a un babuino alfa o te golpeará. En respuesta a tus propias reacciones sexuales, quieres esconderte, te avergüenzas (a menos que tú mismo seas un babuino alfa).

Entonces, cuando, a pesar de todas las restricciones, todavía comienzas a tener relaciones sexuales, pero tu tipo de apego no es seguro, entonces la expresión de las emociones sexuales en el segundo piso de la reflexión adquiere una carga semántica adicional.

Por ejemplo, en el apego ansioso, la expresión de la emoción sexual es una forma de obtener atracción y amor a cambio. Si juzga que sus reacciones no son lo suficientemente buenas para los demás, entonces se enfada. La frustración funciona como la depresión, tus respuestas sexuales se suprimen fisiológicamente y te alteras aún más. El círculo vicioso se cierra. Y como resultado, te preocupas cada vez más por tu relación.

Y con el apego evitativo, la calidad de tus respuestas sexuales le dice a la otra persona sobre el bienestar y el éxito de tu cuerpo, pero conlleva el peligro de entablar una relación. Tal vez los califiques como demasiado fuertes y se convertirán en un tigre en los arbustos para ti. Entonces tu excitación disminuye, te sientes aliviado, pero al mismo tiempo, digamos, te enfadas por tu fracaso sexual. Y necesita encontrar una nueva confirmación de tu solvencia con un nuevo socio. El círculo vicioso también se cierra. Y con el tiempo, te decepcionas cada vez más con todo este alboroto.

Moraleja: La depresión, los frenos y el desamor en la infancia son malos.

Ansiedad de erección.

Si su erección no se comporta bien durante el sexo, pero persiste durante la masturbación, y los médicos dicen que todo está en orden en el lado orgánico, entonces estás de suerte. Esta es la disfunción eréctil de origen psicógeno. El mecanismo psicológico de esto radica con mayor frecuencia en el hecho de que es tan importante para usted hacer alarde de una excelente erección que, por tanta presión, todo se derrumba.

¿De dónde viene la ansiedad de erección?

La ansiedad por la erección proviene del estereotipo del hombre todopoderoso. Si no estás a la altura de esta imagen, entonces su autoestima y su necesidad de ser amado están en juego. Tiene miedo de ser inferior y de ser abandonado.

¿Qué hace la ansiedad?

La ansiedad es nuestro servicio de seguridad. Nos ayuda a prevenir cada horror y pesadilla. ¿Qué crees que puede hacer la ansiedad para evitar el peligro del fracaso sexual?

Por supuesto, durante las relaciones sexuales, debe controlar de cerca el nivel de erección, en cuyo caso puede notar instantáneamente el fiasco inminente y dirigir los esfuerzos volitivos para fortalecer la erección. Y si no funciona, entonces abandone la arena sexual para evitar la vergüenza. Y trate de no volver. ¡Gran plan!

¿Cuáles son las implicaciones de ese plan?

Lo siento, pero ese plan le impedirá disfrutar de la intimidad. Siempre que la atención se centre en las señales de peligro, la entrada de señales sexuales se reduce y las señales de advertencia se exageran. Los intentos de influir mentalmente en la calidad de la erección o el posterior retiro de la situación sexual conducen a un sentimiento de impotencia y refuerzan la ilusión de un fracaso catastrófico, lo que dificulta convencerse de lo contrario. Te calmarás un poco en ese momento, pero la próxima vez estarás aún más ansioso.

¿Qué hacer con esta ansiedad?

Transferir la atención de la erección a las sensaciones, notando y estudiando los matices sensoriales.

Piense en lo que espera tan terriblemente del hecho de que en el momento adecuado no tendrá una erección. Y en vez de evitar un desenlace indeseable, enfrente el miedo y entre intencionalmente en la situación que lo preocupa. Comparar expectativas y realidad. ¿Realmente le han ridiculizado, condenado, dejado de hablar? Si esto sucedió, ¿dice algo sobre usted o la persona que lo hace? Al repetir esta experiencia una y otra vez, deje que el cerebro se acostumbre al hecho de que no sucede nada catastrófico.

Asegúrese de practicar sexo sin erección, explore el espacio de posibilidades alternativas. Esto le dará una sensación de libertad y confianza.

En lugar de autocrítica, piense si realmente le gusta su pareja o lo que hace en la cama. Piensa si quiere que cambie el ritmo, la naturaleza del toque, que le rasque la espalda o tal vez quiera rascarle la espalda usted a ella. Pregúntese por lo que realmente quiere en este momento.

Recuerde que la ansiedad se exacerba si el éxito en la cama es un valor demasiado importante en su vida. Entonces, en el caso de una amenaza de fracaso, su autoestima no tiene dónde encontrar realmente apoyo. Piense en las cosas de la vida que son más valiosas para usted.

La ansiedad también aumenta en situaciones donde la importancia de la autopresentación sexual es mayor. Como cuando intentas acostarte con alguien que no conoces. Por lo general, la función eréctil mejora a medida que crece la confianza en una relación, y cuando se pierde, sucede lo contrario.

O tal vez se encontró con alguien que es especialmente crítico, y por alguna razón realmente necesitas de esta persona. Una erección ama cuando su dueño es elogiado y respetado. Trate de no asociarse con personas demasiado críticas.

Si su erección dejó de funcionar repentinamente en situaciones normales, y antes de eso todo estaba bien, entonces quizás esté molesto por algo, esté bajo mucho estrés y cansado. Piense en ello como una huelga. La erección ama terriblemente cuando descansa bien, pero al mismo tiempo tiene éxito en los negocios.

Es importante pulir todo esto con la creencia correcta de que un hombre puede tener cualquier erección o ninguna y su masculinidad no está determinada por la fuerza de la erección. Piense en qué más define su masculinidad. Comprenda que es absolutamente normal si una erección está presente no el 100% del tiempo de sexo y no con cada pareja. La creencia en el estereotipo de la omnipotencia sexual masculina se considera dañina.

Relaciones afectivas con un narcisista

El narcisismo es un trastorno de la personalidad que también afecta la sexualidad de una persona. Los narcisistas creen firmemente que también son los mejores en la cama y esperan un reconocimiento adecuado por sus logros sexuales.

El narcisista está demasiado absorto en sí mismo, siempre busca fallas en otras personas y le gusta manipular para su beneficio. El narcisismo del trastorno de personalidad también se refleja en la sexualidad, el comportamiento en la cama y las preferencias.

Los narcisistas creen que son los mejores en el arte del Kamasutra y en la vida cotidiana. El narcisista asume que es un buen amante y que el sexo con él es una experiencia suprema para la pareja.

Dado que los narcisistas ven el orgasmo de su pareja como su objetivo durante el sexo, se esfuerzan mucho y creativamente por satisfacer a la otra persona. Cuanto más placentero sea el acto, más fácil será para la pareja del narcisista sentirse dependiente de esa experiencia sexual.

Por otro lado, los narcisistas también quieren ser elogiados por su desempeño después del sexo. Esperan confirmación de que son la mejor pareja sexual de todos los tiempos y exigen ese elogio.

Después de una fase inicial embriagadora, el narcisista pasa rápidamente a seguir su propio programa de sexo. Los deseos de la pareja juegan un papel subordinado.

El sexo de un narcisista puede caracterizarse por juegos de poder, agresión y control. El amor o la ternura están fuera de lugar.

Si bien las parejas de los narcisistas inicialmente pueden encontrar el sexo particularmente apasionado y satisfactorio, después de un tiempo la marea a menudo cambia y el narcisista usa el sexo como un juego de poder.

Los narcisistas hacen que sus parejas sean emocionalmente dependientes. Esto también puede volverse peligroso en la sexualidad si el compañero dominante toma lo que quiere sin responder a las necesidades del otro.

El narcisista espera que su pareja esté disponible para tener relaciones sexuales en todo momento y, a menudo, no da por sentado que no. Él asume que el acto con él es tan emocionante que la pareja quiere experimentar esto en cualquier momento.

El narcisista da por sentado que también puede vivir su propio impulso sexual fuera de una relación. Las relaciones sexuales monógamas no son lo suyo.

Cuanto más inusual, mejor: al narcisista le gusta el sexo completo, cambiar de lugar y andar a tientas en público.

Si la relación sexual no sale como se desea, el narcisista automáticamente culpa a la pareja. No admite ningún error ante sí mismo.

Capítulo 5
Superar el silencio sexual

Para superar el silencio sexual, es importante comprender su origen y por qué se produce. Hemos visto que hay varios casos, algunos relacionados con problemas físicos, otros relacionados con traumas o condiciones patológicas, y otros relacionados con momentos de estrés circunstancial o desamor.

En todos estos casos, el primer paso es aceptar el problema y pedir ayuda, tratando de entender qué ha llevado a esta situación y tratando de solucionarlo.

Un proceso terapéutico puede ayudarnos a sobrellevar y superar el bajo deseo, si es un problema que nos afecta a largo plazo y nos hace sentir mal.

En cuanto al aspecto biológico, la progesterona y la testosterona también juegan un papel importante en la libido. La testosterona es la principal hormona del deseo sexual. La progesterona estimula la producción de esta hormona. Sin embargo, durante la menopausia, los niveles de progesterona también disminuyen, lo que provoca una pérdida de la libido; por lo que, en este caso, la consulta debe ser con un especialista.

Si el problema no es biológico, sino psicológico o por cuestiones sociales, la solución se centrará (por cualquier camino) en buscar una desinhibición del comportamiento sexual, o sea, la apertura a nuevas ideas, a replantarse el concepto sobre el sexo, a tomar la iniciativa etc. No obstante, estará en usted el grado que quiera alcanzar, ya que la desinhibición extrema tiene su costado negativo.

Desinhibición: ¿qué es?

La desinhibición es un comportamiento que se traduce en una ausencia de inhibición, es decir, una liberación del habla o de los gestos sin preocuparse por la mirada de los demás. Puede ser ambos:

• Emocional, a través de la fácil expresión de sentimientos, ya sean positivos o negativos (ansiedad, tristeza, ira, amor, alegría)
• Verbalmente, mediante palabras, insultos, gritos o familiaridad
• Fantasía, a través de la expresión de fantasías o deseos
• Físico, a través de gestos hacia los demás, la desnudez o la expresión física de las propias emociones
• Sexualidad, a través de una sexualidad desenfrenada y desinhibida.

La desinhibición puede ser parte de las características de la personalidad, pero también estar vinculada a la enfermedad mental. La fase maniaca del trastorno bipolar, la enfermedad de Alzheimer o las demencias en general se caracterizan muy a menudo por la desinhibición.

El consumo de alcohol, drogas como la cocaína, o drogas como las benzodiazepinas, por ejemplo, también pueden provocar desinhibición.

La desinhibición se caracteriza por:

- Falta de modestia y moderación
- Comportamiento familiar verbal o físico
- La ausencia de miedo ante algún peligro
- Mayor confianza en sí mismo
- Una actitud emprendedora
- Exhibicionismo
- Comentarios incómodos o groseros

La intensidad de los síntomas es más o menos importante según la persona, y según se trate de una personalidad con tendencia desinhibida o de un trastorno mental. En el caso de una fase maníaca o demencia, por ejemplo, el comportamiento será muy familiar, a veces incluso irrespetuoso con los demás.

¿Cuáles son los beneficios de la desinhibición?

La desinhibición puede aportar algunos beneficios, especialmente para las personas que sufren de timidez, personalidad estructurada, o del miedo al cambio. Ciertas actividades como el yoga, el teatro o la psicología positiva pueden ayudar a la persona a liberarse de su malestar. Los beneficios son entonces:

- Mejora de la confianza en sí mismo
- Lucha contra la depresión y la ansiedad
- Liberación emocional
- Una mejora de los síntomas psicosomáticos, como por ejemplo el dolor crónico o los trastornos digestivos
- Una sensación de bienestar
- Relajación

- Sueño mejorado
- Socialización
- Una lucha contra la timidez.

Capítulo 6
Consejos para recuperar la mística sexual

Remedios naturales para tratar la pérdida de la libido

Muchas mujeres encuentran que los remedios naturales simples les ofrecen todo lo que necesitan para aumentar su libido:

• **Haga ejercicio aeróbico regularmente**: Ayuda a aumentar la resistencia y la fuerza física. Hacer ejercicio regularmente también puede ayudarlo a tener una mejor imagen de sí mismo y, por lo tanto, aumentar su libido.

• **Pasar tiempo con su pareja**: si no mantiene la intimidad con su pareja, su deseo sexual disminuirá naturalmente. Es importante que pueda comunicarte bien con tu socio sentimental para fortalecer el vínculo afectivo entre ustedes.

• **Disminuya el estrés**: aunque es más fácil decirlo que hacerlo, estar tenso tiene un impacto negativo en la libido. Si cree que el estrés es la raíz del problema, abordarlo aumentará su libido.

• **Mejore su dieta**: se considera que ciertos alimentos aumentan la libido, incluidos los que contienen magnesio, soja y proteínas.

¿Hay remedios herbales que me puedan ayudar?

La libido puede ser compleja de tratar debido a causas psicológicas subyacentes.

Un estudio de 1989 en la Universidad de San Francisco demostró que la avena sativa es una planta que ayuda a mejorar la libido tanto en mujeres como en hombres. Esta acción se debería a la presencia de avenina en la planta, una sustancia químicamente similar a la testosterona que permite que la SHBG (Proteína transportadora de hormonas sexuales) active más testosterona inactiva para que se vuelva operativa. Aunque el nivel de testosterona de las mujeres es mucho más bajo que el de los hombres, la testosterona juega un papel muy importante para una vida sexual plena.

Las mujeres realmente necesitan un cierto nivel de testosterona activa para tener una buena libido. Como suele ocurrir que durante la menopausia los niveles activos de testosterona descienden junto con los de progesterona y estrógenos, la avena sativa puede resultar muy útil. Por lo tanto, el uso de Avenaforce (Avena sativa) en esta etapa permite limitar la caída hormonal al ayudar a transformar la testosterona inactiva en una forma activa.

¿Y la medicina tradicional?

Si ha probado remedios naturales y remedios herbales, pero no ha visto mucha mejoría en su libido, puede valer la pena consultar a un médico. La mayoría de estos son tratamientos hormonales como la TRH, ya que el desequilibrio hormonal es la raíz del problema.

Si su pérdida de libido es un efecto secundario de otro medicamento que está tomando, su médico puede trabajar con usted para encontrar otra solución. Si está preocupado por su condición, también es importante consultar a un médico.

Secretos de las parejas sexualmente realizadas

Estos son los secretos de las parejas que tienen una gran intimidad y cómo alimentan su deseo. ¡Sigua estos consejos para una sexualidad aún más satisfactoria!

Todas las parejas que tienen una vida sexual satisfactoria pueden dar fe de esto: los juegos previos comienzan temprano en la mañana. En otras palabras, cada pequeño gesto cuenta para avivar la llama.

Pero a veces es más fácil decirlo que hacerlo.

Algunos puntos a tener en cuenta:

• **Para una pareja sexualmente realizada: no tener los mismos intereses**
Las parejas más felices son las que mantienen una vida dinámica cuando están juntos y una vida activa por su cuenta. Creo que agrega mucho a una relación cuando se puede compartir con los demás lo que haces de tu vida y lo que estás aprendiendo. Produce una especie de emoción que hace que la pareja, al no estar todo el

día junta, se extrañen. La mayoría de los norteamericanos se casan un poco tarde y, dado que a menudo ya llevan una vida activa antes de casarse, quieren mantener estas lagunas fuera del matrimonio.

Tanto hombres como mujeres valoran mucho sus relaciones y el tiempo que pasan con sus amigos, lo que puede ayudarlos a sentir que han dicho lo que tenían que decir una vez que regresan a casa con su pareja.

Pero también deben hacer cosas en conjunto, para una sexualidad plena. Las parejas en las que el otro tiene la máxima prioridad estarán más conectadas sexualmente. Es difícil para nosotros fusionarnos en el dormitorio con alguien de quien estamos totalmente desconectados. No es necesario que estén pegados el uno al otro todo el tiempo, pero sí deben saber que su pareja es lo primero.

Si alguna vez escuchó que "las parejas que sudan juntas permanecen juntas", es porque la actividad física (fuera del dormitorio) es una excelente manera de vincularse entre sí y mejorar su salud. El ejercicio no solo libera endorfinas, la hormona de la felicidad, sino que las investigaciones muestran que después de participar en una actividad o asumir un desafío juntos, las parejas informan sentirse más unidas y más enamoradas de su pareja.

- **Se regalan momentos "techno-free"**
Muchas parejas en la era digital han visto a su pareja una o dos veces (¿o más?) totalmente absorta en lo que estaba viendo en Facebook o Instagram. Existen

personas que dice que no tienen un segundo para intercambios íntimos, pero su comportamiento tecno muestra algo muy diferente. Tenemos que poner fronteras al techno para crear momentos íntimos. Nuevamente, no es necesario que dedique todo su tiempo a la otra persona, pero es importante pasar tiempo de calidad con él o ella, lejos de los dispositivos y la tecnología. Dígale a la otra persona que vas a apagar tu teléfono cuando, una o varias veces a la semana, los dos se reúnan en casa para relajarse.

- **Ponen el sexo en la agenda**

Me encanta saber cuándo voy a tener sexo, pero siempre digo 'planea ser espontáneo' si eso significa algo para ti. Claro, poner "Tenemos sexo el sábado" en tu calendario puede parecer tonto y parecer que mataría toda la pasión en tu vida amorosa, pero cuando tu agenda está repleta y trabajas muchas horas, es la mejor manera de asegurarte de que ¡va a pasar! Cuando estás abrumado, no vas a encontrar el tiempo para hacerlo a menos que tomes medidas para asegurarte de ello. Mire su calendario para ver cuándo puede liberarse y anotarlo (tal vez en la tarde, cuando los niños no están cerca). No esperes a sentirte "inspirado". Recuerda que no tiene que ser súper estructurado cuando estás teniendo sexo solo porque has reservado algo de tiempo privado. Y si te apetece antes del tiempo que planeaste, ¡aprovecha la oportunidad!

- **Les gusta hacerle la vida más fácil a su pareja.**

Renunciar a algunos de sus placeres para hacer más feliz a su otra mitad (como ver un programa de compras con ella en lugar de otro torneo de golf) puede aumentar el nivel de satisfacción en su relación. Un psicólogo de la Universidad de Toronto estudió a 44 parejas (que habían vivido juntas durante un promedio de once años) para determinar qué actitudes conducen a una mejor satisfacción sexual en las parejas. Las parejas que muestran una fuerte solidaridad (por ejemplo, el Sr. estaría dispuesto a renunciar a un viaje relativamente corto al trabajo para mudarse un poco más lejos y así la Sra. esté más cerca de su oficina), también fueron las parejas que mostraron el nivel más alto de satisfacción en su relación. Este estudio muestra lo importante que es no tener un cuadro de mando cuando se trata de relaciones, especialmente cuando se trata de sexo. Esté preparado para dar más de lo que recibe, y es probable que los dos disfruten de una relación sexual satisfactoria en los años venideros.

•   Se mantienen unidos frente a la monotonía y la adversidad

Una gran idea errónea es que la intimidad comienza en el dormitorio. Pero esto es falso. La comunicación, especialmente para las mujeres, es el cemento de la pareja. Mantenerse conectado durante todo el día, hacer una conexión emocional, respetarse mutuamente (compartir las tareas del hogar) puede ayudar a estrechar su intimidad y aumentar su deseo sexual. En muchas parejas, el "trabajo en equipo" fuera del dormitorio refleja perfectamente lo que sucede en el dormitorio.

- **No se encierran en la rutina.**

Puede parecer una obviedad, pero las parejas apasionadas tienen el arte de variar las cosas, ya sea la hora del día o de la noche, el lugar, la posición… si sabes a lo que me refiero. Muchas parejas siguen algún tipo de rutina en la que la mujer primero le hace esto al hombre, quien a su vez le hace esto a la mujer. Pero desviarse de este escenario es mucho más emocionante. No hace falta caer en el delirio. Puede ser tan simple como que, esta noche, sea Madame quien tome la iniciativa. En su charla, "El secreto del deseo en una relación a largo plazo", la especialista en relaciones humanas Esther Perel nos recuerda que los hombres y las mujeres tienen una gran necesidad de aventuras, novedades, misterios, riesgos y peligros para el cuerpo al adentrarse a lo desconocido y lo inesperado. Este es uno de los secretos del deseo.

Alimentos afrodisíacos para estimular el deseo

Pruebe los mejores alimentos afrodisíacos para estimular el deseo. ¡Disfrútelos en compañía de su media naranja y dele sabor a su relación!

- **Ostra**

Muy rica en zinc, la ostra es uno de los afrodisíacos más notorios y tiene fama de ser excelente para el amor y la fertilidad. Investigaciones recientes indican que la ostra contiene aminoácidos que estimulan la producción de hormonas sexuales.

- **Pimiento rojo**

¿Será por su exotismo y su vestido rojo que el chile, esta especia tonificante, es considerado un poderoso afrodisíaco y símbolo del amor? No sólo por eso. Los chiles aumentan las endorfinas, la hormona del cerebro que te hace sentir bien, aceleran el ritmo cardíaco y te hacen sudar. ¿No es eso también lo que sucede cuando te llega la excitación sexual?

- **El aguacate**

Tal vez sea su sensual forma de pera o su rico sabor lo que le ha valido a esta fruta una reputación como afrodisíaco que se remonta a la época de los aztecas. Esta fruta contiene altas dosis de vitamina E, que podría reavivar su llama con su capacidad para aumentar el vigor juvenil y los niveles de energía.

- **Chocolate**

Ya sea por su sabor o por su aroma, el chocolate destila sensualidad. Pero también se ha demostrado que el chocolate negro provoca picos de dopamina, un neurotransmisor que induce sensaciones de placer.

- **Plátano**

Con su forma fálica, el plátano ya tiene todas las características de placer-comida; pero también contiene bromelina, una enzima que activa la producción de testosterona. Además, el potasio y la vitamina B de esta fruta elevan los niveles de energía. El plátano es uno de los alimentos deliciosos para agregar a su yogur.

- **Miel**

Producto de la polinización, la miel es símbolo de procreación. La expresión "luna de miel" tiene su origen en Mead, una bebida alcohólica a base de miel que se ofrecía a la feliz pareja. La miel contiene boro, que ayuda a regular los niveles de estrógeno y testosterona y proporciona un impulso de energía.

• **Café**

La cafeína estimula el ritmo cardíaco y la circulación sanguínea. Un estudio de ratas hembra publicado en Farmacología, Bioquímica y Comportamiento sugiere que el café puede inducir el acto sexual en las mujeres.

• **Sandía**

Según algunas fuentes, la sandía, este "príncipe del licopeno", podría tener un efecto en el cuerpo que recuerda al Viagra: promueve la relajación de los vasos sanguíneos y mejora la circulación.

• **Piñones de pino**

Ricos en zinc, un oligoelemento energizante que alguna vez se asoció con un impulso sexual saludable, los piñones también se consideran afrodisíacos debido al esfuerzo que se requiere para extraer estos pequeños tesoros. Según algunos, un buen pesto hecho con piñones, albahaca y aceite de oliva impulsaría cualquier rendimiento por debajo del nivel del cinturón.

• **Rúcula**

Las virtudes afrodisíacas de esta planta se conocen desde el siglo I. También se ha demostrado que los minerales y antioxidantes que se encuentran en las verduras de hojas verdes oscuras como la rúcula bloquean los contaminantes ambientales que podrían afectar la libido.

- **Aceite de oliva**

Repleto de antioxidantes, las aceitunas y el aceite que producen se han utilizado con fines terapéuticos desde tiempos inmemoriales. Los griegos pensaban que aumentaban la virilidad. El aceite de oliva es una buena fuente de grasas monoinsaturadas y poliinsaturadas, ambas esenciales para el correcto funcionamiento del corazón, la circulación sanguínea y la producción de hormonas.

- **Higos**

Este fruto, que Adán y Eva ya disfrutaron en el Jardín del Edén, simboliza paradójicamente la sexualidad (el fruto maduro cuyas semillas representan la fertilidad) y el pudor (la hoja de parra). Los higos son ricos en potasio y antioxidantes.

- **Fresas**

Aliméntese con deliciosas fresas para un postre lleno de vitamina C, que ayuda a que la sangre fluya a todas las partes del cuerpo.

- **Alcachofa**

La alcachofa deriva principalmente su reputación como afrodisíaco de cuentos y leyendas, y también de la intimidad que promueve cuando se come de a dos, desnudando la periferia para llegar al corazón. Sin embargo, es muy rico en vitaminas y antioxidantes, esenciales para el buen funcionamiento del organismo y del sistema sanguíneo.

- **Té chai**

Puede alternar el café después de la comida con un delicioso té chai en su lugar. Esta infusión con aromas de jengibre, canela y clavo activa la circulación sanguínea y, como los efectos de la cafeína son menores, siempre podrás disfrutar de un sueño reparador después de la comida.

• Granadas

Estas pequeñas perlas de color rojo brillante envueltas en una gruesa capa rosa están repletas de antioxidantes, que son excelentes para la circulación sanguínea. Un estudio realizado por la Clínica de Hombres de California encontró que el jugo de granada tenía un efecto positivo sobre la disfunción eréctil.

• Cerezas

La cereza una superfruta que está llena de vitaminas (A, C y E), potasio, ácido fólico y hierro. También contiene melatonina, un antioxidante que ayuda a regular el corazón.

• Semillas de calabaza

Las semillas de calabaza son ricas en magnesio: ¡5 mg por gramo! El magnesio ayuda a elevar los niveles de testosterona. Esto se debe a que las semillas de calabaza facilitan su absorción en el torrente sanguíneo.

• Nata montada

Ligero como el aire, un postre no es un verdadero postre si no está cubierto con él. De acuerdo, no hay evidencia real de que la crema batida aumente la libido. Pero nadie negará que ella le pone de buen humor.

- **Maca**

La maca es un afrodisíaco natural y es uno de los pocos alimentos en los que se ha probado su capacidad para aumentar el deseo sexual. Su alto contenido en zinc ayuda a producir hormonas sexuales clave, como la testosterona y la prolactina.

Últimos consejos

- **El masaje y la aromaterapia** son estupendos para despertar la sensualidad. Trate de tomarse el proceso en serio: no solo arrugue el cuello de su pareja durante cinco minutos con el pensamiento "¿Me pregunto si ya está excitada?" Sino que compre aceite de masaje, cree un ambiente agradable en el dormitorio (temperatura agradable, velas, varitas de incienso, música relajante). Concéntrese en los juegos previos: deje que el objetivo no sea el sexo posterior, sino lo que está sucediendo ahora, su contacto con el cuerpo de un ser querido.

- **Bañarse juntos** también les da mucho espacio para la creatividad. Muchos fabricantes de cosméticos íntimos tienen cosas geniales para juegos de agua en su línea. Por ejemplo, algunos convierten el agua en una gelatina con una consistencia muy agradable y con un olor sensual que luego permanece en la piel. Y, sin embargo, en este gel es mucho más placentero tener relaciones sexuales que solo en el agua (el agua elimina el lubricante y crea sensaciones incómodas).

- **Ubicaciones inesperadas y extremas**. Las ubicaciones pueden ser muy diferentes: una cafetería, un probador, una playa vacía, su automóvil estacionado, en resumen, todo lo que tenga suficiente coraje e imaginación. Lo principal es respetar el espacio personal de los demás, no haga que la policía tenga que intervenir. Bueno, por favor siga las precauciones de seguridad.

- **Viendo porno juntos**. Una forma obvia que muchas parejas evitan por vergüenza y miedo de que la pareja no esté al alcance de los actores. Lo principal es no presionar si se encuentra con un fuerte rechazo (después de todo, para alguien este es un proceso muy íntimo). Pero si se siente interesado, ¡adelante! Algo que los entusiasme a ambos servirá, o puede probar una categoría a la que quiera empujar a su ser querido. No se olvides de la precaución: no debes encender BDSM duro o videos con correa si ni siquiera has experimentado antes con las nalgadas.

Y por cierto, ¡BDSM! Las ligeras variaciones de los juegos de sumisión pueden cambiar el contexto sexual y excitarlos a ambos en serio. Además, con una pareja habitual, será mucho más fácil relajarse y confiar. Comience poco a poco: vendar los ojos, atar las manos, azotes, sexo duro. Las tiendas de sexo venden conjuntos de artilugios BDSM para principiantes: esposas, vendas para los ojos, plumas para hacer cosquillas. Todas estas cosas cumplen una función más bien decorativa y psicológica: puedes sujetar de forma segura las manos de tu pareja con esposas de piel rosa o azotar delicadamente con un lindo látigo de múltiples colas, para probar el proceso y entender si produce placer. Cuidado: es adictivo.

- **Juguetes sexuales** Si todavía piensa que los juguetes sexuales son enormes consoladores realistas, me apresuro a tranquilizarte: la industria de los juguetes sexuales ha recorrido un largo camino. Los vibradores modernos con atractivas formas futuristas y colores brillantes evocan algo positivo en la mayoría de las personas. Para elegir el juguete adecuado, pregunte a los asesores de la tienda (si es tímido, puede hacerlo en línea) y lea las reseñas de los blogueros sexuales.

Como idea sugiero probar con juguetes para parejas o con mando a distancia. Están diseñados específicamente para dar nuevas emociones a ambos socios.

Los vibradores emparejados se colocan en la vagina y estimulan tanto a la mujer como al hombre durante las relaciones sexuales.

Los juguetes de control remoto le permiten a tu pareja poner una aplicación en su teléfono y controlar tu vibrador desde allí.

- **Juegos de rol**. Muchas personas rechazan los juegos de rol porque se sienten estúpidos, pero trate de apagar la cabeza y saltar al proceso. El sexo en pareja se vuelve aburrido porque se pierde el elemento del juego: conocen bien el cuerpo del otro y usan escenarios familiares. Y excita solo una sensación de novedad, prohibición: así es como funciona nuestro cerebro. No se niegue el placer de arrestar a tu novia o curar a tu hombre de una manera poco convencional. Hoy en día, los Sex Shops ofrecen disfraces para todos los gustos, y tú mismo puedes organizar algunas opciones: el mismo "disfraz de profesor" se puede encontrar en el armario de la mayoría mujeres.

• **Entrenamiento sexual.** Ahora más y más personas se están dando cuenta de que el sexo es un área en la que debes desarrollarte de la misma manera que en todas las demás. Y ahora no estoy hablando de clases de iniciación, sino de seminarios donde se ayuda a las personas a mejorar su técnica y lograr la comprensión sexual en una pareja.

Como ve, hay un montón de opciones para diversificar el sexo en pareja, y aún no hablo de las más atrevidas, como la captación de terceras personas, el swing y las fiestas sexuales. ¡Experimente! Darle vida a una relación sexual establecida es mucho más genial que engañar a su ser querido.

#######